„Mein Motto war von Anfang an: Das ist kein Versuch – ich werde gesund abnehmen!"

Franzi liebt BBQ und hat viele Rezepte aus diesem Kochbuch für euch getestet. Ihre persönlichen Lieblingsrezepte und ihre Erfolgsstory findest du auf Seite 6.

Inhalt

4 Das neue WW PersonalPoints™ Programm

6 Franzis Erfolgsgeschichte

8 Fish and Meat

48 Grilled Veggies

78 Salads, Sides and Drinks

108 Register

112 Impressum

Rezeptinfos

PersonalPoints™ Wert
pro Person / Glas / Stück

PersonalPoints™ Range
pro Person / Glas / Stück

PersonalPoints™ tracken

Neu! Scannen & tracken für alle WW Mitglieder

Wir haben jedem Rezept einen QR-Code für schnelles, nahtloses Tracking in der WW App hinzugefügt. Mehr Infos findest du auf der inneren Umschlagseite.

Kochvideos ansehen

QR-Code scannen und Kochvideos entdecken.

 vegetarisch

 vegan

 glutenfrei

 laktosefrei

 nussfrei

Willkommen zum neuen
PersonalPoints™ Programm

Es ist dein Weg und du bestimmst die Richtung. Kein Plan gleicht dem anderen. Bei WW erhältst du einen personalisierten Plan, der dein Lieblingsessen, deine Ziele und deinen Stoffwechsel berücksichtigt. So kannst du abnehmen, ohne auf einen einzigen Genussmoment deines Lebens zu verzichten.

| **Ein Plan von dir für dich** | **Aktualisierte Punkteformel** | **Bei diesem Programm kannst du dich satt essen** |

Du sagst uns, was du gerne isst und wann und wie du dich am liebsten bewegst. Und wir erstellen dir einen individuellen Ernährungs- und Bewegungsplan.

Du wirst zu Lebensmitteln mit einem höheren Anteil an gesunden Fetten, Ballaststoffen sowie Eiweiß und einem geringeren Anteil an zugesetztem Zucker und gesättigten Fettsäuren geführt.

Kein Hungern – dank der ZeroPoint® Lebensmittel, die du nicht tracken musst, und der Möglichkeit, dein Budget aufzustocken.

Sina Peters, WW Expertin
für Programm und Wissenschaft

„ZeroPoint Lebensmittel sind Lebensmittel, die du gern und häufig isst. Die Möglichkeit, das zu essen, was man liebt, ist einer der Gründe, warum dieses Programm so alltagstauglich ist!"

3 einfache Wege, dein Budget aufzustocken

Dein PersonalPoints Budget ist individuell auf deine Ziele abgestimmt und du entscheidest, für welche Lebensmittel du es einsetzt. Zum allerersten Mal bietet WW dir mit dem neuen Programm jetzt auch die Möglichkeit, weitere PersonalPoints in deinem Budget hinzuzufügen.

Iss Gemüse!

1 Handvoll Gemüse = 1 PersonalPoint für dein Tagesbudget (unbegrenzt). Gemüse enthält viele Ballaststoffe. Sie helfen dir dabei, länger satt zu bleiben.

Trinke Wasser!

1,75 l Wasser pro Tag = 1 PersonalPoint für dein Tagesbudget (max. 1 pro Tag). Je mehr Wasser du trinkst, desto weniger greifst du zu Saft oder Limonade.

Bleibe aktiv!

Mehr Bewegung = mehr PersonalPoints für dein wöchentliches Budget (unbegrenzt). Wie viele Punkte du verdienst, hängt von der Aktivität sowie von deinem Alter, deiner Größe, deinem Geschlecht und deinem Gewicht ab.

Im neuen PersonalPoints Programm erhält jeder eine individuelle Liste mit ZeroPoint Lebensmitteln, welche die ganz persönlichen Vorlieben berücksichtigt.

Daher kann der PersonalPoints Wert eines Rezeptes von Person zu Person variieren. Je nachdem, welche ZeroPoint Lebensmittel auf deiner Liste stehen, liegt dein PersonalPoints Wert innerhalb des ausgewiesenen Rahmens.

Minimaler PersonalPoints Wert ← **4–7** → Maximaler PersonalPoints Wert

Dein exakter PersonalPoints Wert wird dir in der WW App angezeigt, indem du den QR-Code auf der Rezeptseite scannst. So kannst du deine Mahlzeiten also auch direkt tracken!

Rumpsteak Chakalaka

Zubereitungszeit 15 Min. Garzeit 30 Min.
Marinierzeit 30 Min.

 **5–7**   353 kcal | 1474 kJ

Die WW Gesunde Küche

Die WW Kochbücher sind für alle geeignet – egal, ob du WW Mitglied bist oder dich einfach ausgewogen ernähren und einen gesunden Lifestyle etablieren möchtest. Genau hierbei helfen dir unsere leckeren Rezepte, die ganz leicht nachzukochen sind.

Infos zum Scannen & Tracken der Rezepte erhältst du auf der Umschlaginnenseite.
Mehr zu unserem ganzheitlichen PersonalPoints Programm erfährst du unter ww.com.

„Mit dem richtigen Mindset kann ich alles schaffen"

Ich habe bereits mehrfach erfolgreich abgenommen – aber nie auf Dauer. Doch mit dem passenden Mindset habe ich es nun geschafft, nachhaltig abzunehmen. Das PersonalPoints™ Programm und die WW App unterstützen mich dabei. Heute fühle ich mich wie ein neuer Mensch.

WW MITGLIED FRANZI

QR-Code scannen und weitere motivierende Erfolgsgeschichten der WW Mitglieder entdecken.

Ich bin Lehrerin und war mit meiner Klasse im Freizeitpark. Ich liebe Achterbahnfahren! Aber an dem Tag habe ich lieber auf die Rucksäcke aufgepasst. Meine Angst war zu groß, dass ich wegen meiner fast 120 Kilo nicht mitfahren darf. Im selben Jahr habe ich mit meinem jetzigen Mann, einer Freundin und unserem Hund einen Berg bestiegen. Zwar habe ich es irgendwie bis an die Spitze geschafft, aber über meine Unsportlichkeit habe ich mich schon sehr geärgert. Mein Gewicht stand mir also zunehmend im Weg, dazu kam der Wunsch, bald zu heiraten.

Früher dachte ich, ich müsse abnehmen, um besser in die Gesellschaft zu passen, oder um

verbeamtet zu werden. Aber das waren einfach nicht meine Gründe, weshalb ich direkt immer wieder zunahm. Dieses Mal war und ist das anders: Ich habe nicht nur für die Hochzeit abgenommen, sondern auch für alles, was danach kommt. Ich möchte eine gesunde Mutter werden und mit meinen Kindern toben können. Mein Motto war von Anfang an: „Das ist kein Versuch, ich werde gesund abnehmen!"

Dank WW ernähre ich mich gesünder, viel mehr noch, ich lebe gesünder. Durch die Möglichkeit, im neuen PersonalPoints Programm das Budget mit zusätzlichen Punkten aufzustocken, bleibe ich motiviert, häufiger beim Gemüse zuzugreifen, mehr Wasser zu trinken und in Bewegung zu bleiben. In der WW Community habe ich viele Freundschaften geknüpft, die mich beim Abnehmen unterstützt haben.

Inzwischen fühle ich mich wie ein neuer Mensch. Ich wiege 40 Kilo* weniger, Blutdruck, Ruhepuls und meine Blutwerte sind richtig gut. Ich bin viel selbstbewusster, mehr bei mir und ehrlicher zu mir selbst. Jeder Mensch kann alles schaffen, die Gedanken sind ausschlaggebend – davon bin ich mittlerweile überzeugt.

Meine absoluten Lieblingsrezepte:

→ **Sizilianisches Panino** (S. 17)

→ **Zucchini mit Feta-Zitronen-Topping** (S. 58)

→ **Tomaten-Nektarinen-Salat mit Pepitas** (S. 80)

*Mitglieder des WW Programms können mit einer Gewichtsabnahme von bis zu 1 kg pro Woche rechnen. Abnahmeresultate können von Person zu Person variieren und können nicht garantiert werden. Das gezeigte Mitglied hat mit WW abgenommen.

FISH and MEAT

Rumpsteak Chakalaka
10

Garnelen-Saganaki-
Päckchen
13

Tikka-Hähnchen-Spieße
14

Sizilianisches
Panino
17

Thunfischsteak
mit Cajun-Remoulade
18

Geflügel-Hot-Dog
mit Dijon-Krautsalat
21

Lachsfilet und Pak Choi
Teriyaki-Style
22

Flanksteak
mit Salsa Verde
25

Provenzalischer Fisch
mit Tomaten-Tapenade
26

Karibik-Burger
29

Rocky Mountain
Spareribs
30

Schweinefiletspieße
süß-sauer
30

Puten-Involtini
33

Greek-Style
Cheeseburger
34

Kalbsspieße mit
Zwiebelmus-Marinade
37

Kubanisches
Schweinefilet
38

Surf & Turf Spieße
mit scharfer
Cocktailsauce
41

BBQ-Hähnchensteaks
42

Japanische Rindfleisch-
Spargel-Rollen
45

Lamm-Kebabs
mit Artischocke
und Paprika
46

Rumpsteak Chakalaka

Zubereitungszeit 15 Min.   Garzeit 30 Min.
Marinierzeit 30 Min.

353 kcal | 1475 kJ

Für 4 Personen
2 TL Paprikapulver
2 TL Kreuzkümmel
2 TL gemahlener Koriander
1 TL brauner Zucker
Salz, Pfeffer
2 TL Rapsöl
4 Rumpsteaks (à 150 g)
1 Zwiebel
1 Stück Ingwer (ca. 3 cm)
2 Knoblauchzehen
250 g Weißkohl
1 gelbe Paprika
2 Karotten
1 Dose weiße Bohnen
(255 g Abtropfgewicht)
1 TL Curry
1/2 TL Chiliflocken
1 EL Tomatenmark
400 g passierte Tomaten
(Konserve)

1 Für die Marinade Paprikapulver, 1/2 TL Kreuzkümmel, 1/2 TL Koriander, Zucker, Salz, Pfeffer und 1 TL Öl verrühren. Steaks trocken tupfen, mit Marinade in einen Gefrierbeutel geben, gut verkneten und im Kühlschrank ca. 30 Minuten marinieren.

2 Zwiebel schälen und würfeln. Ingwer schälen und mit Knoblauch fein hacken. Weißkohl putzen, vierteln, den Strunk entfernen und Kohl in Streifen schneiden. Paprika waschen, entkernen und in Streifen schneiden. Karotten schälen und in Stücke schneiden. Bohnen abspülen und abtropfen lassen.

3 Restliches Öl in einem Topf auf mittlerer Stufe erhitzen und Zwiebeln mit Knoblauch, Ingwer, Curry, Chiliflocken und Tomatenmark darin ca. 3 Minuten anbraten. Kohl, Paprika und Karotten zugeben und weitere ca. 5 Minuten anbraten. Tomaten und Bohnen zugeben und 5–10 Minuten weitergaren. Chakalaka mit restlichem Kreuzkümmel, restlichem Koriander, Salz und Pfeffer würzen.

4 Steaks auf dem Rost bei direkter Hitze ca. 5 Minuten von jeder Seite grillen, ca. 5 Minuten ruhen lassen und mit Chakalaka servieren.

Garnelen-Saganaki-Päckchen

Zubereitungszeit 15 Min.   Garzeit 20 Min.

5-6   255 kcal | 1067 kJ

Für 2 Personen
1 Zwiebel
250 g Cocktailtomaten
100 g Schafskäse,
25 % Fett i. Tr.
200 g küchenfertige Garnelen
2 Knoblauchzehen
1 EL Zitronensaft
2 EL Metaxa (Weinbrand,
ersatzweise Worcestersauce)
1 TL getrockneter Oregano
Salz, Pfeffer
2 EL gehackte Petersilie

1 Zwiebel schälen und in Ringe schneiden. Tomaten waschen und halbieren. Schafskäse in Würfel schneiden. Garnelen abspülen und trocken tupfen. Knoblauch pressen und mit Zwiebeln, Schafskäse, Tomaten, Garnelen, Zitronensaft, Metaxa, Oregano, Salz und Pfeffer vermischen.

2 Zwei Stücke Alufolie (ca. 30 x 30 cm) mit Backpapier belegen, Garnelen-Tomaten-Mischung darauf verteilen, Päckchen verschließen und auf dem Rost bei direkter Hitze 15–20 Minuten grillen. Garnelen-Saganaki-Päckchen öffnen, mit Petersilie bestreuen und servieren.

Franzis Tipp

Garnelen gehen immer! Punktearm
und super lecker.

Gut kombiniert

Dazu passt das schnelle Fladenbrot (S. 92).

Tikka-Hähnchen-Spieße

Zubereitungszeit 15 Min.   Garzeit 15 Min.
Marinierzeit 30 Min.

1-2

145 kcal | 606 kJ

Für 4 Personen
1 grüne Chilischote
1 Stück Ingwer (ca. 2,5 cm)
1 Knoblauchzehe
100 g fettarmer Joghurt
1 TL gemahlener Koriander
1/2 TL Kreuzkümmel
1/2 TL Curry
Salz, Pfeffer
500 g Hähnchenbrustfilet

1 Für die Marinade Chilischote waschen, entkernen und hacken. Ingwer schälen und reiben. Knoblauch pressen. Joghurt mit Chili, Ingwer, Knoblauch, Koriander, Kreuzkümmel, Curry, Salz und Pfeffer verrühren. Hähnchenbrustfilet trocken tupfen, in ca. 3 cm große Stücke schneiden, samt Marinade in einen Gefrierbeutel geben, gut verkneten und im Kühlschrank ca. 30 Minuten marinieren.

2 Hähnchen abtropfen lassen, auf 4 Spieße stecken und auf dem Rost bei direkter Hitze 10–12 Minuten rundherum grillen. Tikka-Hähnchen-Spieße servieren.

Gut kombiniert

Dazu passt der Tomaten-Zwiebel-Salat mit Koriander (S. 84).

Franzis
Lieblingsrezept

Sizilianisches Panino

Zubereitungszeit 20 Min.　　Garzeit 10 Min.
Marinierzeit 30 Min.

 6-9　　　　481 kcal | 2012 kJ

Für 2 Personen
1 unbehandelte Orange
1 Knoblauchzehe
1 TL Olivenöl
1/2 TL getrockneter Rosmarin
Salz, Pfeffer
2 Hähnchenbrustfilets
(à 120 g)
80 g passierte Tomaten
(Konserve)
2 EL Frischkäse,
bis 5 % Fett absolut
1 EL italienische Kräuter (TK)
je 1 rote und gelbe Paprika
50 g Artischockenherzen in
Lake (Konserve)
2 Roggenbrötchen (à 75 g)

1　1/2 TL Orangenschale abreiben und Orange auspressen. Knoblauch pressen. Für die Marinade Orangensaft mit Knoblauch, Öl, Rosmarin, Salz und Pfeffer verrühren. Hähnchenbrustfilets trocken tupfen, samt Marinade in einen Gefrierbeutel geben, gut verkneten und im Kühlschrank ca. 30 Minuten marinieren.

2　Für die Sauce Tomaten, Frischkäse, Orangenschale und Kräuter verrühren und mit Salz und Pfeffer abschmecken. Paprika waschen, entkernen und vierteln. Hähnchen abtropfen lassen und mit Paprika auf dem Rost bei direkter Hitze ca. 5 Minuten von jeder Seite grillen.

3　Artischocken abtropfen lassen und halbieren. Brötchen aufschneiden, auf dem Grill ca. 1 Minute rösten und mit etwas Sauce bestreichen. Hähnchen in Tranchen schneiden und auf den unteren Hälften verteilen. Paprika und Artischocken daraufgeben, mit restlicher Sauce beträufeln, obere Hälften auflegen und sizilianisches Panino mit restlicher Paprika und Sauce servieren.

Franzis Tipp

Fleisch mit Orange einlegen?! Darauf wäre ich nie gekommen, aber das Fleisch war super zart und echt schmackhaft.

Thunfischsteak mit Cajun-Remoulade

Zubereitungszeit 15 Min.   Garzeit 10 Min.
Marinierzeit 60 Min.

      296 kcal | 1237 kJ

Für 2 Personen
2 Zweige Thymian
2 Schalotten
1 Knoblauchzehe
2 EL Limettensaft
1 TL Olivenöl
1 Msp. Cayennepfeffer
Salz, Pfeffer
2 Thunfischsteaks (à 125 g)
50 g Salatcreme, bis 23 % Fett
1 EL gehackte Petersilie
1 TL Senf
1 TL Tafelmeerrettich
1 TL Paprikapulver

1   Thymian waschen, trocken schütteln und grob hacken. Schalotten schälen und fein würfeln. Für die Marinade Knoblauch pressen und mit der Hälfte der Schalotten, Thymian, 1 EL Limettensaft, Öl, Cayennepfeffer und Salz verrühren. Thunfisch abspülen, trocken tupfen, mit Marinade in einen Gefrierbeutel geben und im Kühlschrank ca. 60 Minuten marinieren.

2   Für die Cajun-Remoulade Salatcreme mit restlichen Schalotten, Petersilie, Senf, Meerrettich, restlichem Limettensaft, Paprikapulver, Salz und Pfeffer verrühren. Thunfischsteaks auf dem Rost bei direkter Hitze 3–5 Minuten von jeder Seite grillen und mit Cajun-Remoulade servieren.

Gut kombiniert

Dazu passt der Tomaten-Nektarinen-Salat (S. 80).

Geflügel-Hot-Dog mit Dijon-Krautsalat

Zubereitungszeit 15 Min.   Garzeit 10 Min.

        439 kcal | 1839 kJ

Für 4 Personen
1 große Karotte
200 g Rotkohl
1 Schalotte
2 EL gehackte Petersilie
2 EL Salatcreme, bis 10 % Fett
1 EL Dijon-Senf
1 TL Apfelessig
1 Prise Zucker
4 Geflügel-Bratwürste
4 Hot Dog Brötchen

1 Für den Krautsalat Karotte schälen und grob raspeln. Rotkohl putzen und in feine Streifen schneiden. Schalotte schälen, fein würfeln und mit Karotten, Kohl, 1 EL Petersilie, Salatcreme, Senf, Essig und Zucker verrühren.

2 Würstchen auf dem Rost bei direkter Hitze 5–6 Minuten rundherum grillen. Brötchen aufschneiden und auf dem Rost ca. 1 Minute grillen. Brötchen mit Würstchen und Krautsalat füllen und mit restlicher Petersilie garnieren. Geflügel-Hot-Dogs servieren.

Lachsfilet und Pak Choi Teriyaki-Style

Zubereitungszeit 15 Min.   Garzeit 15 Min.

5–12   409 kcal | 1712 kJ

Für 2 Personen
1 kleine rote Chilischote
1 Knoblauchzehe
1 TL Sesamöl
2 EL Sojasauce
1 EL Limettensaft
2 TL Honig
Salz, Pfeffer
2 Lachsfilets (à 125 g)
300 g Pak Choi
50 g Salatcreme, bis 23 % Fett
1 EL Mirin

1 Chilischote waschen, entkernen und fein würfeln. Knoblauch pressen und mit Öl, 1 EL Sojasauce, Chili, Limettensaft, Honig, Salz und Pfeffer verrühren. Lachsfilets abspülen und trocken tupfen. Pak Choi waschen und halbieren.

2 Lachs und Pak Choi in eine Grillschale geben, mit Marinade beträufeln und auf dem Rost bei direkter Hitze 7–8 Minuten von jeder Seite grillen. Für den Dip Salatcreme mit Mirin und restlicher Sojasauce verrühren. Lachs und Pak Choi mit Dip servieren.

Mirin …

… ist gesüßter Reiswein und wird im Gegensatz zu Sake nicht getrunken, sondern als Würzmittel verwendet. Mirin ist zusammen mit Sojasauce einer der Hauptbestandteile von Teriyaki-Sauce.

Flanksteak mit Salsa Verde

Zubereitungszeit 15 Min.   Garzeit 10 Min.

    201 kcal | 840 kJ

Für 4 Personen
1 Bund Petersilie
1 Bund Basilikum
1 Schalotte
2 TL Kapern
1 Knoblauchzehe
2 Sardellen in Salzlake
1 TL gehackter Estragon
1/2 TL Dijon-Senf
2 EL Olivenöl
1 TL Sherry-Essig
1 EL Wasser
450 g Flanksteak
Salz, grober Pfeffer

1 Für die Salsa Petersilie und Basilikum waschen, trocken schütteln und grob hacken. Schalotte schälen und würfeln. Petersilie, Basilikum, Schalotten, Kapern, Knoblauch, Sardellen, Estragon und Senf grob pürieren. Salsa mit Öl, Essig und Wasser verrühren.

2 Steak trocken tupfen und mit Salz und Pfeffer würzen. Steak auf dem Rost bei direkter Hitze ca. 5 Minuten von jeder Seite grillen und ca. 10 Minuten ruhen lassen.

3 Steak in Tranchen schneiden, auf einem Teller anrichten und mit Salsa Verde garnieren. Guten Appetit!

Provenzalischer Fisch mit Tomaten-Tapenade

Zubereitungszeit 10 Min.   Garzeit 15 Min.
Ziehzeit 5 Min.

     313 kcal | 1312 kJ

Für 4 Personen
30 g getrocknete Tomaten
ohne Öl
50 ml heißes Wasser
4 Cocktailtomaten
15 g Rucola
4 Stängel Basilikum
40 g entsteinte schwarze
Oliven in Lake
20 g Kapern
2 TL Olivenöl
30 g Mandeln
Salz, Pfeffer
4 unbehandelte Zitronen
1 EL getrocknete
Kräuter der Provence
4 Kabeljaufilets (à 125 g)
4 Scheiben Baguette (à 25 g)

1 Für die Tapenade getrocknete Tomaten in Stücke schneiden, mit Wasser übergießen und ca. 5 Minuten ziehen lassen. Cocktailtomaten waschen und halbieren. Rucola und Basilikum waschen und trocken schütteln. Getrocknete Tomaten mit Sud, Cocktailtomaten, Oliven, Kapern, 1 TL Öl, Rucola, Basilikum, Mandeln, Salz und Pfeffer pürieren.

2 1/2 Zitrone auspressen und restliche Zitronen in Scheiben schneiden. Für die Marinade Zitronensaft und restliches Öl mit Kräutern der Provence, Salz und Pfeffer verrühren. Kabeljaufilets abspülen, trocken tupfen und mit Marinade bestreichen.

3 Zitronenscheiben auf dem Rost verteilen, Fisch daraufgeben und bei direkter Hitze ca. 15 Minuten grillen, dabei nach der Hälfte der Zeit Fisch wenden. Baguette auf dem Rost bei indirekter Hitze ca. 1 Minute von jeder Seite rösten. Kabeljau mit Tomaten-Tapenade bestreichen und mit Baguette servieren.

Provenzalisch …

… ist eine Würzung, die aus getrocknetem Rosmarin, Basilikum, Thymian, Majoran, Oregano, Estragon, Lavendel und Liebstöckel gemischt wird.

Karibik-Burger

Zubereitungszeit 15 Min.   Garzeit 20 Min.

        475 kcal | 1986 kJ

Für 2 Personen
2 rote Zwiebeln
1 rote Paprika
3 grüne Peperoni in Lake
1 TL Rapsöl
75 ml Mangosaft
Salz, Pfeffer
1 Knoblauchzehe
200 g Tatar
1 Ei (Größe M)
1 EL Paniermehl
1/2 TL gemahlene Nelken
1/2 TL Kreuzkümmel
2 EL Kokosraspel
6 Blätter Römersalat
1 Tomate
2 kleine Hamburger-Brötchen

1 Zwiebeln schälen und würfeln. Für die Mangosauce Paprika waschen, entkernen und in Stücke schneiden. Peperoni abtropfen lassen und in Ringe schneiden. Öl in einem Topf auf mittlerer Stufe erhitzen und Paprika mit der Hälfte der Zwiebeln darin ca. 5 Minuten anbraten. Peperoni und Mangosaft zugeben, weitere ca. 5 Minuten garen, pürieren und Sauce mit Salz und Pfeffer abschmecken.

2 Knoblauch pressen, mit Tatar, Ei, Paniermehl, restlichen Zwiebeln, Nelken, Kreuzkümmel, Salz und Pfeffer vermischen und aus der Masse 2 Patties formen. Kokosraspel auf einem tiefen Teller verteilen, Patties darin wenden und auf dem Rost bei direkter Hitze ca. 5 Minuten von jeder Seite grillen.

3 Salat waschen und trocken schleudern. Tomate waschen und in Scheiben schneiden. Hamburger-Brötchen aufschneiden und mit der Schnittfläche auf dem Rost bei direkter Hitze ca. 1 Minute rösten. Brötchenhälften mit Mangosauce bestreichen und untere Hälften mit Salat, Patties und Tomaten belegen. Restliche Sauce darüberträufeln, mit oberen Hälften abdecken und Karibik-Burger genießen.

Rocky Mountain Spareribs

Zubereitungszeit 15 Min.   Garzeit 50 Min.

      427 kcal | 1785 kJ

Für 4 Personen
4 Spareribs (à 175 g)
Salz, grober Pfeffer
1 Knoblauchzehe
1 Lorbeerblatt
1 Salatgurke
3 EL Kräuteressig
1 EL gehackter Dill
1 EL Senf, 2 TL Rapsöl
1 EL Ahornsirup
2 EL Barbecuesauce
1 EL Worcestersauce

1 Spareribs in einen Topf geben und mit Salzwasser bedecken. Knoblauch halbieren, mit Lorbeerblatt zu den Rippchen geben und auf mittlerer Stufe ca. 30 Minuten köcheln lassen. Für den Salat Gurke waschen und in dünne Scheiben schneiden. 2 EL Essig, Dill, Senf, 1 TL Öl, Salz und Pfeffer verrühren und mit Gurken vermischen. Für die Marinade restliches Öl, restlichen Essig, Ahornsirup, Barbecue-, Worcestersauce, Salz und Pfeffer verrühren. Spareribs herausnehmen, trocken tupfen und auf dem Rost bei direkter Hitze 15–20 Minuten grillen, dabei mehrmals mit Marinade bestreichen. Rocky Mountain Spareribs mit Gurkensalat servieren.

Schweinefiletspieße süß-sauer

Zubereitungszeit 15 Min.   Garzeit 15 Min.
Marinierzeit 15 Min.

      149 kcal | 623 kJ

Für 4 Spieße
80 ml Ananassaft
1 TL Tabasco
1 TL Rapsöl
1 EL Honig
2 EL Weißweinessig
1 TL Paprikapulver
Salz, Pfeffer
300 g Schweinefilet
1/2 rote Paprika
150 g Ananasfruchtfleisch
1 EL Speisestärke
3 EL Wasser

1 Für die Marinade Ananassaft, Tabasco, Öl, Honig, Essig, Paprikapulver und Salz verrühren. Filet trocken tupfen, in dünne Streifen schneiden, wellenförmig auf 4 Spieße stecken, mit 2 EL Marinade bestreichen und im Kühlschrank ca. 15 Minuten marinieren. Paprika waschen, entkernen und mit Ananas fein würfeln. Stärke mit Wasser anrühren. Restliche Marinade in einem Topf auf mittlerer Stufe erhitzen, Stärke einrühren, Ananas und Paprika zugeben, ca. 5 Minuten köcheln lassen und mit Salz und Pfeffer abschmecken. Spieße auf dem Rost bei direkter Hitze ca. 10 Minuten rundherum grillen und mit süß-saurer Sauce servieren.

Puten-Involtini

Zubereitungszeit 15 Min.   Garzeit 15 Min.

        225 kcal | 940 kJ

Für 4 Stück
6 getrocknete Datteln
8 entsteinte schwarze
Oliven in Lake
70 g Frischkäse,
bis 5 % Fett absolut
1 EL italienische Kräuter (TK)
Salz, Pfeffer
4 Putenschnitzel (à 120 g)
2 TL Rapsöl

1 Für die Füllung Datteln und Oliven hacken und mit Frischkäse, Kräutern, Salz und Pfeffer verrühren. Putenschnitzel trocken tupfen, gegebenenfalls flacher klopfen, mit Füllung bestreichen, aufrollen und mit Zahnstochern fixieren.

2 Puten-Involtini mit Öl bestreichen, salzen, pfeffern und auf dem Rost bei direkter Hitze ca. 15 Minuten rundherum grillen. Puten-Involtini servieren.

Franzis Tipp

Die Mischung aus herben Oliven und süßen Datteln hat uns wirklich überzeugt! Ich nehme immer Küchengarn zum Fixieren von Rouladen, das kann man nach dem Grillen noch einfacher entfernen als Zahnstocher.

Gut kombiniert

Dazu passt der Primavera Pasta Salat (S. 99) oder Fagioli al Tonno (S. 95).

Greek-Style Cheeseburger

Zubereitungszeit 15 Min.   Garzeit 10 Min.

8–9   353 kcal | 1475 kJ

Für 4 Personen
2 rote Zwiebeln
2 Knoblauchzehen
400 g Tatar
1/2 TL getrockneter Oregano
Salz, Pfeffer
40 g Baby-Blattspinat
1/4 Salatgurke
125 g griechischer Joghurt,
Natur, bis 0,2 % Fett
2 TL Olivenöl
4 kleine Pitabrote (à 60 g)
60 g Schafskäse,
25 % Fett i. Tr.

1 Zwiebeln schälen, 1 Zwiebel fein würfeln und restliche Zwiebel in Ringe schneiden. Knoblauch pressen und die Hälfte mit Tatar, Zwiebelwürfeln, Oregano, Salz und Pfeffer vermischen. Aus der Masse 4 flache Patties formen.

2 Spinat waschen und trocken schleudern. Für den Zaziki Gurke waschen, grob reiben und mit Joghurt, Öl, restlichem Knoblauch, Salz und Pfeffer verrühren. Patties auf dem Rost bei direkter Hitze ca. 4 Minuten von jeder Seite grillen.

3 Pitabrote rösten, aufschneiden, mit Zaziki bestreichen und untere Hälften mit Spinat und Patties belegen. Schafskäse zerbröseln und mit Zwiebelringen auf den Patties verteilen. Obere Pitabrothälften auflegen und Greek-Style Cheeseburger genießen.

Kalbsspieße mit Zwiebelmus-Marinade

Zubereitungszeit 20 Min.   Garzeit 15 Min.
Marinierzeit 30 Min.

     200 kcal | 837 kJ

Für 4 Spieße
1 Gemüsezwiebel
2 TL Rapsöl
150 g fettarmer Joghurt
2 EL Zitronensaft
1 EL Baharat
(arabische Würzmischung)
Salz, Pfeffer
400 g Kalbsfilet
4 rote Zwiebeln
2 Knoblauchzehen
1 Tomate
1 TL Olivenöl
1/2 TL Kräutersalz

1 Für die Marinade Gemüsezwiebel schälen, reiben und mit Rapsöl, 50 g Joghurt, Zitronensaft, Baharat und Salz verrühren. Kalbsfilet trocken tupfen, in ca. 3 cm große Würfel schneiden, mit Marinade in einen Gefrierbeutel geben, gut verkneten und im Kühlschrank ca. 30 Minuten marinieren.

2 Rote Zwiebeln schälen, 1 Zwiebel würfeln und restliche Zwiebeln in Spalten schneiden. Für den Tomaten-Dip Knoblauch pressen. Tomate waschen und in kleine Würfel schneiden. Zwiebelwürfel, Knoblauch, Tomaten, restlichen Joghurt und Olivenöl verrühren und mit Kräutersalz und Pfeffer abschmecken.

3 Kalbsfilet abwechselnd mit Zwiebelspalten auf 4 Spieße stecken und auf dem Rost bei direkter Hitze 12–15 Minuten rundherum grillen. Kalbsspieße mit Tomaten-Dip servieren.

Baharat …

… ist eine häufig im arabischen Raum verwendete Gewürzmischung, die aus Pfeffer, Paprika, Koriander, Nelken, Kreuzkümmel, Kardamom, Muskatnuss und Zimt besteht.

Kubanisches Schweinefilet

Zubereitungszeit 10 Min.   Garzeit 25 Min.
Marinierzeit 4 Std.

         170 kcal | 711 kJ

Für 4 Personen
400 g Schweinefilet
2 Knoblauchzehen
3 EL Limettensaft
1 EL Olivenöl
3 EL brauner Rum
1 TL getrockneter Oregano
1 TL Kreuzkümmel
Salz, Pfeffer

1 Schweinefilet abspülen und trocken tupfen. Für die Marinade Knoblauch fein hacken und mit Limettensaft, Öl, Rum, Oregano, Kreuzkümmel, Salz und Pfeffer verrühren. Schweinefilet mit 3 EL Marinade in einen Gefrierbeutel geben, gut verkneten und im Kühlschrank ca. 4 Stunden marinieren.

2 Schweinefilet abtropfen lassen und Marinade dabei auffangen. Schweinefilet auf dem Rost bei direkter Hitze 20–25 Minuten rundherum grillen, dabei mit aufgefangener Marinade bestreichen. Schweinefilet ca. 10 Minuten ruhen lassen, in Tranchen schneiden und mit restlicher Marinade servieren.

Franzis Tipp

Wer Cuba Libre mag, wird dieses Rezept lieben! Wir waren sehr überrascht, wie schmackhaft das eingelegte Fleisch war! Das Fleisch in Kombi mit dem Tomaten-Nektarinen-Salat (S. 80): ein Traum!

Titelrezept

Surf & Turf Spieße
mit scharfer Cocktailsauce

Zubereitungszeit 15 Min.   Garzeit 10 Min.

       257 kcal | 1077 kJ

Für 2 Personen
50 g Schmand
1 TL Harissapaste
1 TL Tomatenmark
1 TL Weißweinessig
1 TL Honig
Salz, Pfeffer
6 Riesengarnelen mit Schale
180 g Rinderfilet
1 TL Olivenöl

1 Für die Cocktailsauce Schmand, Harissapaste, Tomatenmark, Essig und Honig verrühren und mit Salz und Pfeffer abschmecken. Garnelen abspülen und trocken tupfen. Rinderfilet trocken tupfen und in 6 Stücke schneiden. Rinderfilet und Garnelen abwechselnd auf 2 große Spieße stecken.

2 Spieße mit Öl bestreichen und mit Salz und Pfeffer würzen. Surf & Turf Spieße auf dem Rost bei direkter Hitze ca. 12 Minuten rundherum grillen und mit Cocktailsauce servieren.

Küchentipp
Samt Schale gegrillt bleiben die Garnelen zarter und saftiger.

BBQ-Hähnchensteaks

Zubereitungszeit 10 Min.   Garzeit 20 Min.
Marinierzeit 30 Min.

        194 kcal | 811 kJ

Für 2 Personen
200 g passierte Tomaten
(Konserve)
1 TL Olivenöl
1 EL dunkler Balsamicoessig
2 EL Ketchup
Salz, Pfeffer
1 TL Worcestersauce
1/2 TL Tabasco
2 Hähnchenbrustfilets
(à 120 g)

1 Für die Sauce Tomaten mit Öl, Essig, Ketchup, Salz, Pfeffer, Worcestersauce und Tabasco in einem Topf auf mittlerer Stufe aufkochen und ca. 5 Minuten köcheln lassen. Hähnchenbrustfilets trocken tupfen, mit 3 EL Sauce in einen Gefrierbeutel geben, gut verkneten und im Kühlschrank ca. 30 Minuten marinieren.

2 Hähnchen abtropfen lassen und auf dem Rost bei direkter Hitze 15–20 Minuten unter regelmäßigem Wenden grillen. BBQ-Hähnchensteaks mit restlicher Sauce servieren.

Gut kombiniert

Dazu passt der Ananas-Reis-Salat (S. 87).

Titelrezept

Japanische Rindfleisch-Spargel-Rollen

Zubereitungszeit 15 Min.   Garzeit 15 Min.
Marinierzeit 30 Min.

138 kcal | 577 kJ

Für 4 Stück
2 EL Sake (Reiswein)
1 EL Sojasauce
1 TL Rapsöl
1 TL Zucker
4 Rinderminutensteaks
(à 60 g)
12 Stangen grüner Spargel
Salz
1 EL Sesam

1 Für die Marinade Sake, Sojasauce, Öl und Zucker verrühren. Rindersteaks trocken tupfen, mit Marinade in einen Gefrierbeutel geben, gut verkneten und im Kühlschrank ca. 30 Minuten marinieren. Spargel waschen, das untere Drittel schälen und in Salzwasser ca. 5 Minuten vorgaren.

2 Rindersteaks abtropfen lassen, jeweils drei Stangen Spargel in den Steaks einrollen, fixieren und auf dem Rost bei direkter Hitze 5–8 Minuten rundherum grillen. Rindfleisch-Spargel-Rollen mit Sesam bestreuen und servieren.

Küchentipp

Rinderminutensteaks sind bereits so dünn geschnitten, dass sie nicht flach geklopft werden müssen und direkt aufgerollt werden können.

Sake …

… ist ein alkoholisches Getränk aus Japan, das aus poliertem Reis gebraut wird. Der sogenannte Reiswein kann kalt und warm getrunken werden und hat einen Alkoholgehalt von 15–20 %.

Lamm-Kebabs mit Artischocken und Paprika

Zubereitungszeit 15 Min.   Garzeit 15 Min.

3      143 kcal | 596 kJ

Für 8 Spieße
**400 g Lammkeule
ohne Knochen
16 bunte Mini-Paprika
1 kleine rote Zwiebel
1 Dose Artischockenherzen in
Lake (240 g Abtropfgewicht)
1/2 unbehandelte Zitrone
1 Knoblauchzehe
1 EL Olivenöl
1 TL Honig
2 TL gehackter Rosmarin
Salz, Pfeffer**

1 Lamm trocken tupfen und in Würfel schneiden. Paprika waschen. Zwiebel schälen und in Spalten schneiden. Artischocken abtropfen lassen und halbieren.

2 Für die Marinade Zitronenschale abreiben und Zitronenhälfte auspressen. Knoblauch pressen und mit Zitronenschale, -saft, Öl, Honig, Rosmarin, Salz und Pfeffer verrühren. Lamm, Paprika, Zwiebeln und Artischocken abwechselnd auf 8 Spieße stecken und rundherum mit Marinade bestreichen.

3 Spieße auf dem Rost bei direkter Hitze 10–12 Minuten rundherum grillen. Lamm-Kebabs nach Wunsch mit Minze garnieren und servieren.

Grilled
VEGGIES

Portobello-Burger
mit Camembert
50

Gegrillter Blumenkohl
mit Curry-Joghurt-Sauce
53

Vegetarische Köfte
mit Gemüse-Spießen
54

Burritos mit
gegrillter Avocado
57

Zucchini mit
Feta-Zitronen-Topping
58

Kartoffeln mit Pulled
Jackfruit BBQ-Style
61

Grillgemüse-
Gazpacho
62

Tofu-Würstchen
im Stockbrot
65

Orientalische
Gemüsepäckchen
66

Bánh mì mit
gegrillter Aubergine
69

Aubergine mit
Kardamom-Glasur
70

Süßkartoffelspalten
mit Chimichurri
70

Gegrillte
Lasagne-Päckchen
73

Tofu-Gemüse-Spieße
mit Satésauce
74

Balsamico-Thymian-
Fenchel
77

Portobello-Burger mit Camembert

Zubereitungszeit 10 Min.   Garzeit 15 Min.

        306 kcal | 1280 kJ

Für 4 Personen
30 g Rucola
100 g Weichkäse,
30 % Fett i. Tr.
1 Knoblauchzehe
1 EL Olivenöl
1 EL Dijon-Senf
1 TL Honig
1 EL Zitronensaft
1 TL getrocknete
Kräuter der Provence
Salz, Pfeffer
4 große Portobello-Pilze
(à 100 g, ersatzweise große
Champignons)
1 Birne
4 kleine Hamburger-Brötchen
40 g Schmand
4 TL Preiselbeeren (Konserve)

1 Rucola waschen und trocken schleudern. Weichkäse in Scheiben schneiden. Für die Marinade Knoblauch pressen und mit Öl, Senf, Honig, Zitronensaft, Kräutern, Salz und Pfeffer verrühren. Pilze trocken abreiben, mit Marinade bepinseln und auf dem Rost bei direkter Hitze 4–5 Minuten von jeder Seite grillen.

2 Birne waschen, vierteln, entkernen, in Spalten schneiden und auf dem Rost bei direkter Hitze 2–3 Minuten von jeder Seite grillen. Hamburger-Brötchen aufschneiden, mit der Schnittfläche nach unten auf dem Rost bei indirekter Hitze ca. 3 Minuten grillen.

3 Untere Brötchenhälften mit Schmand bestreichen. Obere Hälften mit restlicher Marinade bestreichen. Untere Hälften mit Rucola, Birnen, Portobello-Pilzen und Weichkäse belegen. Mit Preiselbeeren beträufeln, obere Brötchenhälften auflegen und Burger servieren.

Portobello-Pilze …

… sind eine große Variante der Champignons, die durch ihren Erntezeitpunkt besonders kräftig schmecken. Dank ihrer Konsistenz sind sie ein hervorragender Fleischersatz.

Gegrillter Blumenkohl mit Curry-Joghurt-Sauce

Zubereitungszeit 15 Min.   Garzeit 20 Min.

    132 kcal | 553 kJ

Für 4 Personen
1 Blumenkohl
Salz, Pfeffer
1 EL Rapsöl
3 EL Orangensaft
1 TL geräuchertes Paprikapulver
1 TL Knoblauchpulver
250 g fettarmer Joghurt
1 TL Curry
1 EL gehackte Minze
1 EL gehackte Petersilie
2 TL Schwarzkümmel

1   Blumenkohl waschen, vierteln und in Salzwasser ca. 5 Minuten blanchieren. Für die Marinade Öl, Orangensaft, Paprikapulver, Knoblauchpulver, Salz und Pfeffer verrühren. Blumenkohl abgießen, mit Marinade bestreichen und auf dem Rost bei direkter Hitze 5–7 Minuten von jeder Seite grillen.

2   Für die Sauce Joghurt mit Curry, Salz, Minze und Petersilie verrühren. Blumenkohlviertel mit Schwarzkümmel bestreuen und mit Curry-Joghurt-Sauce servieren.

Vegetarische Köfte
mit Gemüse-Spießen

Zubereitungszeit 20 Min.   Garzeit 10 Min.

5    271 kcal | 1132 kJ

Für 4 Personen
16 Cocktailtomaten
je 2 kleine grüne und gelbe
Zucchini
1 orange Paprika
2 rote Zwiebeln
1 EL Olivenöl
Salz, Pfeffer
500 g vegetarisches
Hackfleisch
2 EL gehackter Koriander
1 TL Kreuzkümmel
1 Knoblauchzehe
120 g fettarmer Joghurt
1 EL Zitronensaft

1   Tomaten waschen. Zucchini waschen und in ca. 2 cm dicke Scheiben schneiden. Paprika waschen, entkernen und in 16 Stücke schneiden. Zwiebeln schälen, 1 Zwiebel in Spalten schneiden und restliche Zwiebel grob reiben. Tomaten, Zucchini, Paprika und Zwiebelspalten mit Öl, Salz und Pfeffer vermischen und abwechselnd auf 8 Spieße stecken.

2   Geriebene Zwiebel mit Hackfleisch, Koriander, 1/2 TL Kreuzkümmel, Salz und Pfeffer vermischen und aus der Masse 4 flache, ovale Frikadellen um einen Spieß formen. Gemüse-Spieße und Köfte auf dem Rost bei direkter Hitze ca. 5 Minuten von jeder Seite grillen.

3   Für den Dip Knoblauch pressen und mit Joghurt, restlichem Kreuzkümmel, Zitronensaft, Salz und Pfeffer verrühren. Köfte mit Gemüse-Spießen und Joghurtdip servieren.

Burritos mit gegrillter Avocado

Zubereitungszeit 15 Min.   Garzeit 15 Min.

6–8   278 kcal | 1161 kJ

Für 6 Stück
2 Frühlingszwiebeln
3 große Tomaten
1 rote Chilischote
1 Dose Kidneybohnen
(255 g Abtropfgewicht)
2 EL gehackter Koriander
2 EL Schmand
2 EL Limettensaft
1 TL Kreuzkümmel
1/2 TL geräuchertes
Paprikapulver
Salz, Pfeffer
150 g Avocado
6 kleine Tortillawraps
60 g geriebener Käse,
30 % Fett i. Tr.

1 Frühlingszwiebeln waschen und in Ringe schneiden. Tomaten waschen und in kleine Stücke schneiden. Chilischote waschen, entkernen und hacken. Kidneybohnen abspülen, abtropfen lassen, mit Frühlingszwiebeln, Tomaten, Chili, Koriander, Schmand, 1 EL Limettensaft, Kreuzkümmel und Paprikapulver vermischen und mit Salz und Pfeffer abschmecken.

2 Avocado halbieren, Stein entfernen, Fruchtfleisch aus der Schale lösen, in Spalten schneiden, mit restlichem Limettensaft beträufeln und auf dem Rost bei direkter Hitze ca. 2 Minuten von jeder Seite grillen. Tortillawraps mit Gemüse-Bohnen-Mischung, Avocado und Käse füllen, aufrollen und auf dem Rost bei direkter Hitze ca. 10 Minuten rundherum grillen. Burritos servieren.

WW Protein Wrap

Der Wrap aus Weizen- und Quinoamehl enthält viel Erbsen- und Reisprotein und ist daher eine sättigende Alternative zu normalen Tortillawraps. Erhältlich im WW Studio oder unter wwshop.de.

Jetzt Video zu Küchentipp entdecken:
Avocado schälen und schneiden

Zucchini
mit Feta-Zitronen-Topping

Zubereitungszeit 10 Min.   Garzeit 10 Min.

        97 kcal | 407 kJ

Für 6 Personen
3 Frühlingszwiebeln
100 g Schafskäse,
25 % Fett i. Tr.
2 EL Olivenöl
1 EL abgeriebene unbe-
handelte Zitronenschale
3 Zucchini (ca. 750 g)
Salz, Pfeffer

1 Frühlingszwiebeln waschen und in feine Ringe schneiden. Für das Topping Schafskäse zerbröseln und mit Frühlingszwiebeln, 1 EL Öl und Zitronenschale vermischen. Zucchini waschen, längs halbieren, in ca. 6 cm lange Stücke schneiden und mit restlichem Öl, Salz und Pfeffer vermischen.

2 Zucchini auf dem Rost bei direkter Hitze 5–10 Minuten grillen, dabei mehrmals wenden. Zucchini mit Feta-Zitronen-Topping bestreuen und servieren.

Franzis Tipp

Wir lieben gegrillte Zucchini und
das Topping passt super dazu.

*Franzis
Lieblingsrezept*

Kartoffeln mit Pulled Jackfruit BBQ-Style

Zubereitungszeit 10 Min.   Garzeit 45 Min.

269 kcal | 1125 kJ

Für 4 Personen
4 große festkochende
Kartoffeln (à 250 g)
150 g saure Sahne
2 EL Schnittlauchringe
Salz, Pfeffer
1 Dose Jackfrucht
(225 g Abtropfgewicht)
1 TL Paprikapulver
1 Msp. Cayennepfeffer
80 g Barbecuesauce
(Fertigprodukt)

1 Kartoffeln waschen, in Alufolie wickeln, direkt auf der Glut platzieren und ca. 45 Minuten garen, dabei gelegentlich wenden.

2 Für den Dip saure Sahne mit Schnittlauch, Salz und Pfeffer verrühren. Jackfrucht abspülen, abtropfen lassen, in kleine Stücke zerteilen und mit Paprikapulver, Cayennepfeffer, Salz, Pfeffer und Barbecuesauce mischen. Kartoffeln aufschneiden, Jackfrucht-Mischung daraufgeben und mit Dip servieren.

Keinen Holzkohlegrill?

Für Kartoffeln mit Pulled Jackfruit BBQ-Style vom Gas- oder Elektrogrill die Kartoffeln einfach 25–30 Minuten in Salzwasser garen, aufschneiden, mit der Jackfrucht-Mischung belegen und auf dem Rost bei direkter Hitze 10–15 Minuten grillen.

Grillgemüse-Gazpacho

Zubereitungszeit 20 Min.   Garzeit 15 Min.
Kühlzeit 75 Min.

118 kcal | 495 kJ

Für 4 Personen
2 große Tomaten
2 rote Paprika
1 rote Zwiebel
1 Knoblauchzehe
2 EL Olivenöl
1/2 Salatgurke
2 Stängel Basilikum
250 ml vegane Gemüsebrühe
(1 TL Instantpulver)
3 EL Zitronensaft
1 TL Tabasco
Salz, Pfeffer

1 Tomaten waschen. Paprika waschen, entkernen und vierteln. Zwiebel schälen und in Ringe schneiden. Gemüse mit Knoblauch und 1 EL Öl in einer Grillschale vermischen, bei direkter Hitze 10–15 Minuten grillen und ca. 15 Minuten abkühlen lassen.

2 Gurke waschen und in feine Scheiben schneiden. Basilikum waschen, trocken schütteln und mit gegrilltem Gemüse und Brühe pürieren. Zitronensaft, restliches Öl und Tabasco einrühren, mit Salz und Pfeffer abschmecken und ca. 60 Minuten kalt stellen. Grillgemüse-Gazpacho mit Gurkenscheiben garnieren und servieren.

Küchentipp

Gemüse noch am Ende des Grillabends rösten, über Nacht kühl aufbewahren und am nächsten Tag daraus die aromatische Grillgemüse-Gazpacho zubereiten.

Tofu-Würstchen im Stockbrot

Zubereitungszeit 25 Min.   Garzeit 45 Min.
Gehzeit 90 Min.

          288 kcal | 1205 kJ

Für 8 Stück
1/4 Würfel Hefe
1 Prise Zucker
200 ml warmer Haferdrink
360 g Mehl
40 g Halbfettmargarine
Salz, Pfeffer
2 Schalotten
30 g Gewürzgurken
1 TL Rapsöl
1 EL Agavendicksaft
1 EL Apfelessig
**250 g passierte Tomaten
(Konserve)**
2 TL Curry
8 Soja-Bratwürstchen (à 50 g)

1 Hefe zerbröckeln und mit Zucker in Haferdrink auflösen. 350 g Mehl in eine Schüssel geben, in die Mitte
eine Vertiefung drücken und Hefemischung hinein-
gießen. Mit etwas Mehl verrühren und Vorteig an einem
warmen Ort zugedeckt ca. 15 Minuten gehen lassen.
Margarine und 1/2 TL Salz dazugeben, zu einem glatten
Teig verkneten und weitere ca. 75 Minuten gehen lassen.

2 Für die Sauce Schalotten schälen und mit Gewürzgurken fein würfeln. Öl in einem Topf auf mittlerer
Stufe erhitzen und Schalotten darin ca. 3 Minuten anbraten. Agavendicksaft dazugeben und ca. 2 Minuten
karamellisieren lassen. Mit Essig und Tomaten ablö-
schen, Gewürzgurken zugeben, mit Curry, Salz und
Pfeffer würzen und auf niedriger Stufe 12–15 Minuten
köcheln lassen.

3 Arbeitsfläche mit restlichem Mehl bestäuben, Teig
darauf in 8 Teile teilen und zu Teigsträngen formen.
Würstchen auf dem Rost bei direkter Hitze ca. 10 Minuten rundherum grillen, auf Spieße stecken, mit Stock-
brotteig spiralförmig umwickeln und auf dem Rost bei
direkter Hitze weitere ca. 15 Minuten rundherum grillen.
Würstchen im Stockbrot mit Currysauce servieren.

Orientalische Gemüsepäckchen

Zubereitungszeit 15 Min.   Garzeit 25 Min.

9   285 kcal | 1194 kJ

Für 4 Personen
75 g trockener Couscous
Salz, Pfeffer
1 EL Olivenöl
2 Zucchini
1 rote Paprika
120 g Halloumi, 45 % Fett i. Tr.
80 g Salzzitronen
4 getrocknete Datteln
2 EL Pinienkerne
1 EL Ras el-Hanout
4 Zweige Rosmarin

1 Couscous nach Packungsanweisung in Salzwasser garen und mit Öl mischen. Zucchini waschen und in Würfel schneiden. Paprika waschen, entkernen und mit Halloumi in Stücke schneiden. Zitronen und Datteln fein würfeln und mit Zucchini, Paprika, Halloumi, Pinienkernen, Ras el-Hanout, Salz und Pfeffer vermischen. Rosmarin waschen und trocken schütteln.

2 Vier Backpapierstücke mit Couscous und Gemüse-Halloumi-Mischung belegen, Rosmarinzweige darauflegen und zu Päckchen verschließen Gemüsepäckchen in einer Grillschale auf dem Rost bei direkter Hitze ca. 20 Minuten garen und servieren.

Salzzitronen …

… sind eine nordafrikanische Spezialität. Du findest sie in gut sortierten Supermärkten in der Abteilung für Länderspezialitäten.

Selbst gemacht

Für selbst gemachte Salzzitronen die Zitronen auf einer Seite kreuzweise bis zum Fruchtfleisch einschneiden, in Salzwasser aufkochen und ca. 20 Minuten köcheln lassen – fertig!

Bánh mì
mit gegrillter Aubergine

Zubereitungszeit 15 Min.   Garzeit 15 Min.

      316 kcal | 1321 kJ

Für 4 Personen
70 g Rotkohl
1 große Karotte
1/2 rote Chilischote
2 EL Rapsöl
1 EL Weißweinessig
2 TL Agavendicksaft
2 EL Limettensaft
Salz, Pfeffer
1 Knoblauchzehe
2 Auberginen
4 Baguette-Brötchen (à 70 g)
3 EL süße Asia-Chilisauce
2 Stängel Minze

1 Rotkohl putzen, den Strunk entfernen und Kohl fein raspeln. Karotte schälen und mit dem Sparschäler längs in Streifen hobeln. Chilischote waschen, entkernen und fein würfeln. Rotkohl und Karotten mit 1 EL Öl, Essig, Agavendicksaft, Limettensaft, Chili, Salz und Pfeffer vermischen.

2 Knoblauch halbieren. Auberginen waschen, längs in ca. 0,5 cm dicke Scheiben schneiden, mit Knoblauch einreiben, mit restlichem Öl einpinseln, salzen und pfeffern. Auberginen auf dem Rost bei direkter Hitze 3–5 Minuten von jeder Seite grillen.

3 Baguette-Brötchen halbieren und auf dem Rost bei direkter Hitze ca. 2 Minuten von jeder Seite rösten. Brötchenhälften mit Chilisauce bestreichen und untere Hälften mit Auberginenscheiben, Rotkohl und Karotten belegen. Minze waschen, trocken schütteln, Blätter abzupfen und auf dem Gemüse verteilen. Obere Hälften auflegen und Bánh mì servieren.

Bánh mì …

… ist der vietnamesische Begriff für Brot. Bezeichnet werden damit Baguette-Brote, die mit Zutaten aus der französischen und vietnamesischen Küche belegt werden.

Aubergine mit Kardamom-Glasur

Zubereitungszeit 10 Min.   Garzeit 10 Min.
Ziehzeit 10 Min.

3   102 kcal | 424 kJ

Für 2 Personen
1 große Aubergine
Salz, Pfeffer
1 EL Agavendicksaft
1 EL Rotweinessig
2 TL Rapsöl
1 Msp. gemahlener Piment
(ersatzweise geriebene
Muskatnuss)
1 TL gemahlener Kardamom

1   Aubergine waschen, in ca. 2 cm dicke Scheiben schneiden, salzen und ca. 10 Minuten ziehen lassen. Für die Glasur Agavendicksaft, Essig, Öl, Piment, Kardamom, Salz und Pfeffer verrühren. Auberginenscheiben mit Glasur bestreichen, auf dem Rost bei direkter Hitze ca. 5 Minuten von jeder Seite grillen und servieren.

Süßkartoffelspalten mit Chimichurri

Zubereitungszeit 10 Min.   Garzeit 30 Min.

1–8   306 kcal | 1281 kJ

Für 2 Personen
2 Süßkartoffeln (à 250 g)
Salz, Pfeffer
1 Schalotte
1 kleine rote Chilischote
1 Knoblauchzehe
1/2 Bund glatte Petersilie
2 EL Limettensaft
1/2 TL getrockneter Oregano
1 TL Olivenöl

1   Süßkartoffeln waschen und mit Schale in Salzwasser ca. 20 Minuten vorgaren. Für die Chimichurri Schalotte schälen, Chilischote waschen, entkernen und mit Schalotte und Knoblauch grob hacken. Petersilie waschen, trocken schütteln und mit Schalotte, Knoblauch, Chilischote, Limettensaft und Oregano pürieren. Chimichurri mit Salz abschmecken.

2   Süßkartoffeln in Spalten schneiden und Schnittflächen mit Öl bestreichen. Süßkartoffeln auf dem Rost bei direkter Hitze 3–5 Minuten von jeder Seite grillen, mit Salz und Pfeffer würzen und mit Chimichurri servieren.

Gegrillte Lasagne-Päckchen

Zubereitungszeit 20 Min.   Garzeit 30 Min.

      397 kcal | 1662 kJ

Für 4 Personen
1 Knoblauchzehe
500 g passierte Tomaten
(Konserve)
1 TL getrocknete italienische
Kräuter
1 Prise Zucker
Salz, Pfeffer
2 Zucchini
1 EL Rapsöl
12 Lasagneblätter
(Frischprodukt)
100 g geriebener Mozzarella,
45 % Fett i. Tr.
2 Schalotten
je 10 rote und gelbe
Cocktailtomaten
4 EL gehacktes Basilikum
1 EL Weißweinessig

1 Für die Sauce Knoblauch pressen und mit passier-
ten Tomaten, italienischen Kräutern, Zucker, Salz und
Pfeffer in einem Topf auf mittlerer Stufe ca. 10 Minuten
köcheln lassen. Zucchini waschen und in dünne Scheiben schneiden. 4 Stapel aus je zwei Stücken Alufolie
(ca. 30 x 40 cm) bereitlegen und mit Öl einpinseln.

2 Lasagneblätter, Tomatensauce, Zucchini und Mozzarella abwechselnd auf die Alufolie schichten, dabei mit
Sauce abschließen. Folie zu Päckchen verschließen.
Lasagne auf dem Rost bei direkter Hitze ca. 20 Minuten
grillen.

3 Für das Topping Schalotten schälen und fein würfeln.
Tomaten waschen, vierteln und mit Schalotten, Basili-
kum, Essig, Salz und Pfeffer vermischen. Gegrillte
Lasagne-Päckchen vorsichtig öffnen und mit Tomaten-
Topping servieren.

Tofu-Gemüse-Spieße mit Satésauce

Zubereitungszeit 20 Min.   Garzeit 10 Min.

114 kcal | 476 kJ

Für 8 Spieße
4 Frühlingszwiebeln
200 g braune Champignons
200 g Tofu
1 Stück Ingwer (ca. 2 cm)
2 EL Teriyakisauce
2 TL Rapsöl
1 EL Weißweinessig
1 EL Honig
Salz, Pfeffer
1/2 rote Chilischote
60 g Erdnussmus
3 EL Sojasauce
1 EL Wasser
1/2 TL gemahlener Koriander

1 Frühlingszwiebeln waschen und 3 Frühlingszwiebeln in ca. 3 cm große Stücke schneiden. Restliche Frühlingszwiebel fein hacken. Champignons trocken abreiben und in Stücke schneiden. Tofu trocken tupfen und in ca. 2 cm große Würfel schneiden. Frühlingszwiebelstücke, Champignons und Tofu abwechselnd auf 8 Spieße stecken.

2 Für die Marinade Ingwer schälen, reiben, mit Teriyakisauce, Öl, Essig, Honig, Salz und Pfeffer verrühren und Spieße damit einpinseln. Spieße auf dem Rost bei direkter Hitze 10–12 Minuten rundherum grillen.

3 Für die Satésauce Chilischote waschen, entkernen und fein hacken. Erdnussmus, Chili, gehackte Frühlingszwiebel, Sojasauce, Wasser, Koriander und Pfeffer verrühren und Tofu-Gemüse-Spieße mit Satésauce servieren.

Balsamico-Thymian-Fenchel

Zubereitungszeit 10 Min.   Garzeit 15 Min.
Marinierzeit 10 Min.

49 kcal | 204 kJ

Für 6 Personen
3 kleine Fenchelknollen
1/2 unbehandelte Orange
1 EL Olivenöl
2 EL heller Balsamicoessig
Salz, Pfeffer
2 TL gehackter Thymian

1 Fenchel waschen und längs halbieren. Orangen-schale abreiben und Orangenhälfte auspressen. Für die Marinade Orangensaft mit Öl, Essig, Salz und Pfef-fer verrühren. Fenchel mit Marinade vermischen und ca. 10 Minuten marinieren.

2 Fenchel abtropfen lassen, Marinade dabei auffangen, und in einer Grillschale bei direkter Hitze 10–15 Minu-ten grillen. Fenchel mit Marinade beträufeln, mit Orangenschale und Thymian vermischen und servieren.

Gut kombiniert

Zum Balsamico-Thymian-Fenchel passt
der Schalotten-Joghurt-Dip (S. 88).

SALADS, SIDES
and
DRINKS

Tomaten-Nektarinen-
Salat mit Pepitas
80

Asia-Gemüse
mit Reisnudeln
83

Tomaten-Zwiebel-Salat
mit Koriander
84

Ananas-Reis-Salat
87

Schalotten-Joghurt-Dip
88

Hummus mit
gegrilltem Broccoli
88

Thunfisch-Dip
mit geröstetem Sesam
88

Orientalischer
Bulgur-Salat mit Feigen
91

Zupfbrot mit
Röstzwiebel-Dill-
Füllung
92

Schnelles Fladenbrot
92

Fagioli al Tonno
95

Persischer
Wildreissalat
96

Primavera
Pasta Salat
99

Marokkanische
Bowle
100

Wild-Berry-Cocktail
mit Prosecco
103

Maracuja-Zitronen-Limo
103

Kokos-Ingwer-
Cocktail mit
Blue Curaçao
104

Virgin-Erdbeer-Mojito
104

Tomaten-Nektarinen-Salat mit Pepitas

Zubereitungszeit 15 Min.   Garzeit 5 Min.

2-4

142 kcal | 594 kJ

Für 6 Personen
500 g bunte Tomaten
4 Nektarinen
150 g Rucola
4 Frühlingszwiebeln
3 EL Kürbiskerne
2 EL Olivenöl
2 EL Limettensaft
Salz, Pfeffer

1 Tomaten waschen und in Spalten schneiden. Nektarinen waschen, halbieren, Steine entfernen und Nektarinen in Spalten schneiden. Rucola waschen und trocken schleudern. Frühlingszwiebeln waschen und in feine Ringe schneiden.

2 Kürbiskerne fettfrei in einer Pfanne auf mittlerer Stufe 2–3 Minuten rösten. Tomaten und Nektarinen mit Öl und Limettensaft beträufeln und mit Salz und Pfeffer würzen. Rucola auf einer Servierplatte anrichten, Tomaten und Nektarinen darauf verteilen und mit Frühlingszwiebeln und Kürbiskernen bestreuen. Salat sofort servieren.

WW Protein Snack

Statt der Kürbiskerne, die in Nordamerika als Pepitas bezeichnet werden, kannst du auch diese köstliche Mischung aus gerösteten und gesalzenen Sojabohnen, Kürbiskernen und Sonnenblumenkernen verwenden. Erhältlich im WW Studio oder unter wwshop.de.

Franzis Tipp

Das allerbeste Rezept von allen! Wir haben den Salat direkt mehrmals gemacht. Ich liebe Mango im Salat, Nektarinen waren nie auf meinem Salat-Radar.

Franzis
Lieblingsrezept

Asia-Gemüse mit Reisnudeln

Zubereitungszeit 15 Min.   Garzeit 20 Min.

    290 kcal | 1212 kJ

Für 4 Personen
1 gelbe Paprika
250 g Pak Choi
2 Karotten
1 Broccoli
2 Knoblauchzehen
1 rote Chilischote
1 Stück Ingwer (ca. 3 cm)
1 EL Erdnussöl
2 EL Sojasauce
3 EL Limettensaft
1/2 TL gemahlener Koriander
1 TL Paprikapulver
Salz, Pfeffer
150 g trockene Reisnudeln
2 EL Erdnüsse

1 Backofen auf 180° C (Gas: Stufe 2, Umluft: 160° C) vorheizen. Paprika waschen, entkernen und in Streifen schneiden. Pak Choi waschen und in Stücke schneiden. Karotten schälen und in Scheiben schneiden. Broccoli waschen und in Röschen teilen.

2 Für die Marinade Knoblauch hacken. Chilischote waschen, entkernen und in Ringe schneiden. Ingwer schälen und reiben. Knoblauch, Chili, Ingwer, Öl, Soja-sauce, Limettensaft, Koriander, Paprikapulver, Salz und Pfeffer verrühren.

3 Paprika, Pak Choi, Karotten und Broccoli mit der Hälfte der Marinade vermischen, auf einem mit Back-papier ausgelegten Backblech verteilen und im Back-ofen auf mittlerer Schiene 15–20 Minuten backen. Reisnudeln nach Packungsanweisung zubereiten. Asia-Gemüse mit Reisnudeln, restlicher Marinade und Erdnüssen mischen und servieren.

 **Jetzt Video zu Küchentipp entdecken:**
Pak Choi putzen und zubereiten

Tomaten-Zwiebel-Salat mit Koriander

Zubereitungszeit 10 Min.

69 kcal | 289 kJ

Für 4 Personen
2 Stängel Minze
6 Tomaten
1 rote Zwiebel
1 TL abgeriebene unbehandelte Zitronenschale
1 EL heller Balsamicoessig
1 EL Olivenöl
3 EL gehackter Koriander
1 Msp. Kreuzkümmel
Salz, Pfeffer

1 Minze waschen, trocken schütteln und Blätter abzupfen. Tomaten waschen und in Spalten schneiden. Zwiebel schälen, halbieren und in Streifen schneiden. Zitronenschale, Essig und Öl verrühren, mit Tomaten, Zwiebeln, Koriander und Minze vermischen. Tomaten-Zwiebel-Salat mit Kreuzkümmel, Salz und Pfeffer würzen und servieren.

Gut kombiniert

Zusammen mit den Tikka-Hähnchen-Spießen (S. 14) ein echter Genuss. Als Variante: Verteile Salat, Hähnchen und 80 g fettarmen Joghurt auf 4 kleine Tortillawraps – optimal für eine entspannte Grillparty. Die PersonalPoints™ Range liegt pro Wrap bei 7–8.

Titelrezept

Ananas-Reis-Salat

Zubereitungszeit 10 Min.   Garzeit 20 Min.
Kühlzeit 20 Min.

8–10      313 kcal | 1309 kJ

Für 2 Personen
100 g trockener Langkornreis
Salz, Pfeffer
200 g Ananasfruchtfleisch
1 grüne Paprika
1 kleine rote Chilischote
2 TL Kokosraspel
4 EL Limettensaft
1 EL Ahornsirup
1 EL gehackter Koriander

1 Reis nach Packungsanweisung in Salzwasser garen und ca. 20 Minuten abkühlen lassen. Ananas würfeln. Paprika waschen, entkernen und würfeln. Chilischote waschen und in Ringe schneiden. Reis, Ananas, Paprika, Chili und Kokosraspel vermischen.

2 Für das Dressing Limettensaft, Ahornsirup und Koriander verrühren und mit Salz und Pfeffer würzen. Ananas-Reis-Salat mit Dressing vermischen und servieren.

WW Reis aus Linsen

Eine tolle Reisalternative aus 100 % gelbem Linsenmehl. Erhältlich im WW Studio oder unter wwshop.de.

Jetzt Video zu Küchentipp entdecken:
Ananas einfach schälen

Schalotten-Joghurt-Dip

Zubereitungszeit 10 Min.   Garzeit 15 Min.
Für 6 Personen

44 kcal | 186 kJ

1   **8 Schalotten** schälen und in einer Grillschale auf dem Rost bei direkter Hitze 10–15 Minuten grillen, nach der Hälfte der Zeit wenden. Schalotten mit **1 Knoblauchzehe** und **1 EL Zitronensaft** pürieren, mit **300 g fettarmem Joghurt** verrühren und mit **Salz** und **grobem Pfeffer** würzen. Schalotten-Joghurt-Dip mit **1 TL Olivenöl** beträufeln, mit Pfeffer bestreuen und servieren.

Hummus mit gegrilltem Broccoli

Zubereitungszeit 10 Min.   Garzeit 25 Min.   Kühlzeit 15 Min.
Für 6 Personen

131 kcal | 549 kJ

1   **250 g Broccoli** waschen und in Röschen zerteilen. Strunk schälen und in Stücke schneiden. Broccoli mit **2 Knoblauchzehen**, **2 TL Olivenöl**, **Salz** und **Pfeffer** vermischen und in einer Grillschale auf dem Rost bei indirekter Hitze 20–25 Minuten grillen. Broccoli ca. 15 Minuten abkühlen lassen.

2   Schale **1 unbehandelten Zitrone** abreiben und Zitrone auspressen. **1 Dose Kichererbsen (265 g Abtropfgewicht)** abspülen, abtropfen lassen und mit Broccoli, Knoblauch, Zitronenschale, Zitronensaft, **1 EL Tahin (Sesampaste)**, **2 TL Olivenöl**, **1 TL Kreuzkümmel** und **120 g Sojajoghurt (Natur, 55 kcal/100 g)** pürieren. Hummus mit Salz und Pfeffer abschmecken und servieren.

Thunfisch-Dip mit geröstetem Sesam

Zubereitungszeit 10 Min.   Garzeit 5 Min.
Für 6 Personen

91 kcal | 380 kJ

1   **2 EL schwarzen Sesam** fettfrei in einer Pfanne auf mittlerer Stufe 2–3 Minuten rösten. **50 g Zuckererbsenschoten** waschen und in feine Streifen schneiden. **1 Dose Thunfisch im eigenen Saft (150 g Abtropfgewicht)** abtropfen lassen. **100 g saure Sahne**, **150 g fettarmer Joghurt**, Thunfisch, Zuckererbsenschoten und **1 EL Sojasauce** verrühren. Mit **1/2 TL gemahlenem Ingwer**, **Salz** und **Pfeffer** abschmecken, mit Sesam bestreuen und servieren.

Orientalischer Bulgur-Salat mit Feigen

Zubereitungszeit 15 Min.   Garzeit 15 Min.

4-8      361 kcal | 1509 kJ

Für 4 Personen
160 g trockener Bulgur
Salz, Pfeffer
1 Dose Kichererbsen
(265 g Abtropfgewicht)
1 TL Kreuzkümmel
2 TL Olivenöl
5 EL Tomatensaft
2 EL Zitronensaft
3 EL gehackte Minze
1 TL Sumach
1/2 TL Zucker
8 Feigen
1 Zwiebel
1 Salatgurke
50 g getrocknete Tomaten
ohne Öl

1 Bulgur nach Packungsanweisung in Salzwasser garen. Backofen auf 200° C (Gas: Stufe 3, Umluft: 180° C) vorheizen. Kichererbsen abspülen, abtropfen lassen, mit Kreuzkümmel und 1 TL Öl auf einem mit Backpapier ausgelegten Backblech vermischen und im Backofen auf mittlerer Schiene ca. 15 Minuten rösten.

2 Für das Dressing restliches Öl, Tomaten- und Zitronensaft, Minze, Sumach, Zucker, Salz und Pfeffer verrühren. Feigen waschen und in Spalten schneiden. Zwiebel schälen und würfeln. Gurke waschen und in Würfel schneiden. Tomaten fein würfeln und mit Zwiebeln, Gurken, Kichererbsen und Bulgur vermischen. Dressing über den Salat träufeln, Feigen darauf anrichten und servieren.

Sumach …

… ist ein beliebtes Gewürz in der orientalischen Küche. Es schmeckt frisch säuerlich und leicht fruchtig.

Zupfbrot mit Röstzwiebel-Dill-Füllung

Zubereitungszeit 25 Min.   Garzeit 30 Min.
Gehzeit 30 Min.

6   183 kcal | 768 kJ

Für 12 Stücke
1/2 Würfel Hefe
130 ml warmes Wasser
500 g Mehl
100 ml Malzbier
1 TL Rapsöl
1 TL Salz
4 EL Röstzwiebeln
100 g Schmand
4 EL gehackter Dill
1 TL Halbfettmargarine

1 Hefe zerbröckeln, in Wasser auflösen und mit 480 g Mehl, Malzbier, Öl und Salz zu einem glatten Teig verkneten. Teig abgedeckt an einem warmen Ort ca. 30 Minuten gehen lassen. Backofen auf 180° C (Gas: Stufe 2, Umluft: 160° C) vorheizen. Röstzwiebeln mit Schmand und Dill verrühren. Eine Kastenform (Länge ca. 30 cm) mit Margarine fetten. Teig mit etwas Mehl bestäuben und durchkneten. Arbeitsfläche mit restlichem Mehl bestäuben und Teig rechteckig ausrollen. Mit Zwiebel-Schmand-Mischung bestreichen und in ca. 6 cm breite Streifen schneiden. Streifen halbieren, ziehharmonika-förmig auffalten und aufrecht nebeneinander in die Kastenform stellen. Zupfbrot im Backofen auf mittlerer Schiene ca. 30 Minuten backen und servieren.

Schnelles Fladenbrot

Zubereitungszeit 20 Min.   Garzeit 25 Min.

8   285 kcal | 1190 kJ

Für 4 Stück
1 Knoblauchzehe
300 g Mehl
50 ml Wasser
100 g fettarmer Joghurt
1 TL Olivenöl
1 EL Schwarzkümmel
1 TL Salz

1 Knoblauch pressen und mit 280 g Mehl, Wasser, Joghurt, Öl, Schwarzkümmel und Salz zu einem glatten Teig verkneten. Arbeitsfläche mit restlichem Mehl bestäuben, Teig darauf in 4 Teile teilen und zu Fladen ausrollen. Eine Pfanne auf hoher Stufe erhitzen und Fladen darin nacheinander fettfrei ca. 3 Minuten von jeder Seite braten. Fladenbrot vor dem Servieren kurz auf dem Grill rösten.

Fagioli al Tonno

Zubereitungszeit 15 Min.

172 kcal | 722 kJ

Für 4 Personen
1 rote Zwiebel
2 grüne Paprika
1 Dosen weiße Riesenbohnen
(250 g Abtropfgewicht)
1 Dose Thunfisch in eigenem
Saft (150 g Abtropfgewicht)
1 Zweig Rosmarin
1 EL heller Balsamicoessig
1 EL Olivenöl
1/2 TL getrocknetes
Bohnenkraut
Salz, Pfeffer

1 Zwiebel schälen und in Ringe schneiden. Paprika waschen, entkernen und in kleine Stücke schneiden. Bohnen abspülen und mit Thunfisch abtropfen lassen. Rosmarin waschen, trocken schütteln und fein hacken.

2 Für das Dressing Essig, Öl, Rosmarin, Bohnenkraut, Salz und Pfeffer verrühren. Bohnen mit Zwiebeln, Paprika, Thunfisch und Dressing vermischen und Salat servieren.

Persischer Wildreissalat

Zubereitungszeit 15 Min.   Garzeit 40 Min.

        230 kcal | 964 kJ

6–7

Für 4 Personen
100 g trockener Basmatireis
50 g trockener Wildreis
Salz, Pfeffer
1 Zwiebel
2 Stangen Staudensellerie
5 getrocknete Datteln
20 g Mandelblättchen
2 TL Olivenöl
2 EL fettarmer Joghurt
1 EL Zitronensaft
1 EL Rotweinessig

1 Basmati- und Wildreis jeweils nach Packungsanweisung in Salzwasser garen. Zwiebel schälen und in feine Streifen schneiden. Sellerie waschen und in Scheiben schneiden. Datteln gegebenenfalls entsteinen und in Stücke schneiden.

2 Mandeln fettfrei in einer Pfanne auf mittlerer Stufe 2–3 Minuten rösten und herausnehmen. 1 TL Öl in der Pfanne auf mittlerer Stufe erhitzen und Zwiebeln darin ca. 2 Minuten anbraten. Zwiebeln mit Deckel unter Rühren auf niedriger Stufe 5–8 Minuten garen.

3 Für das Dressing Joghurt mit Zitronensaft, Essig und restlichem Öl verrühren. Reis mit Zwiebeln, Sellerie, Datteln, Mandeln und Dressing vermischen und mit Salz und Pfeffer abschmecken. Wildreissalat genießen.

Primavera Pasta Salat

Zubereitungszeit 15 Min.   Garzeit 10 Min.

11–12   389 kcal | 1629 kJ

Für 4 Personen
250 g grüner Spargel
250 g Stangenbroccoli
1 Stange Lauch
250 g trockene Risoni-Nudeln
Salz, Pfeffer
100 g Erbsen (TK)
1 unbehandelte Zitrone
2 Stängel Minze
150 g Crème légère
2 EL Pesto verde
(Fertigprodukt)
2 EL gehackte glatte Petersilie

1 Spargel waschen, das untere Drittel schälen und Spargel in Stücke schneiden. Broccoli waschen. Lauch waschen und in Ringe schneiden. Nudeln nach Packungsanweisung in Salzwasser garen. Spargel, Broccoli, Lauch und gefrorene Erbsen ca. 4 Minuten vor Ende der Garzeit dazugeben und Nudeln mit Gemüse abgießen.

2 1 TL Zitronenschale abreiben, 1/4 Zitrone auspressen und restliche Zitrone in Spalten schneiden. Minze waschen, trocken schütteln und Blätter abzupfen. Crème légère mit Pesto und Zitronensaft verrühren, mit Nudeln, Gemüse, 1/2 TL Zitronenschale, Petersilie und Minze vermischen und mit Salz und Pfeffer abschmecken. Primavera Pasta Salat mit restlicher Zitronenschale garnieren und mit Zitronenspalten servieren.

Marokkanische Bowle

Zubereitungszeit 10 Min.   Ziehzeit 10 Min.
Kühlzeit 60 Min.

4–6

130 kcal | 545 kJ

Für 6 Gläser à ca. 330 ml
5 Beutel Pfefferminztee
3 Beutel Grüntee
1 Liter kochendes Wasser
3 Pfirsiche
2 Orangen
5 Stängel Minze
Eiswürfel
500 ml Pfirsichnektar
500 ml Tonic (ersatzweise Zitronenlimonade)

1 Teebeutel mit Wasser übergießen, ca. 10 Minuten ziehen und ca. 60 Minuten abkühlen lassen. Pfirsiche waschen, halbieren, Steine entfernen und Pfirsiche in Spalten schneiden. Orangen schälen und filetieren. Minze waschen, trocken schütteln und Blätter abzupfen.

2 Pfirsiche, Orangen, Minze und Eiswürfel in eine große Schale füllen. Tee mit Pfirsichnektar und Tonic zugeben und Bowle servieren.

Wild-Berry-Cocktail mit Prosecco

Zubereitungszeit 10 Min.   Ziehzeit 10 Min.
Gefrierzeit 2 Std.   Kühlzeit 60 Min.

        73 kcal | 305 kJ

Für 4 Gläser à 150 ml
**50 g gemischte Beeren
(z. B. Himbeeren, Brombeeren,
Heidelbeeren)
2 Beutel Früchtetee
300 ml kochendes Wasser
2 EL Zucker
200 ml Prosecco**

1 Beeren in Eiswürfelformen füllen, mit Wasser auf-
gießen und ca. 2 Stunden gefrieren lassen. Teebeutel
mit Wasser übergießen, ca. 10 Minuten ziehen lassen,
mit Zucker verrühren und ca. 60 Minuten abkühlen
lassen. Früchtetee auf 4 Sektgläser verteilen, Beeren-
Eiswürfel dazugeben, Prosecco angießen und Cocktail
genießen.

Für Kids

Einfach den Prosecco durch Mineralwasser
oder Zitronenlimonade ersetzen.

Maracuja-Zitronen-Limo

Zubereitungszeit 10 Min.   Garzeit 10 Min.
Kühlzeit 60 Min.

        90 kcal | 375 kJ

Für 4 Gläser à 250 ml
**4 unbehandelte Zitronen
3 Stängel Zitronenmelisse
3 Zweige Rosmarin
500 ml Wasser
2 EL Zucker
2 Passionsfrüchte (Maracuja)
Eiswürfel
500 ml Mineralwasser**

1 Zitronen waschen und in Scheiben schneiden. Zitronenmelisse und Rosmarin waschen und trocken schütteln. Die Hälfte der Zitronenscheiben, Zitronenmelisse
und 1 Rosmarinzweig mit Wasser und Zucker in einem
Topf auf mittlerer Stufe ca. 10 Minuten köcheln lassen,
sieben und ca. 60 Minuten abkühlen lassen.

2 Passionsfrüchte halbieren, das Fruchtfleisch mit
einem Löffel herauslösen und auf 4 Gläser verteilen.
Restliche Zitronenscheiben und Eiswürfel zugeben
und mit Zitronensud und Mineralwasser auffüllen.
Limo mit Rosmarin garnieren und servieren.

Kokos-Ingwer-Cocktail mit Blue Curaçao

Zubereitungszeit 10 Min.   Ziehzeit 10 Min.
Kühlzeit 60 Min.

3    75 kcal | 312 kJ

Für 4 Gläser à ca. 330 ml
1 Stück Ingwer (ca. 8 cm)
400 ml kochendes Wasser
350 ml Kokosnusswasser
250 ml Ananassaft
Eiswürfel
80 ml Blue Curaçao Likör (ersatzweise Blue Curaçao Sirup)

1 Ingwer schälen, in Stücke schneiden, mit Wasser übergießen, ca. 10 Minuten ziehen lassen, ca. 60 Minuten abkühlen lassen und sieben. Ingwersud mit Kokoswasser und Ananassaft mischen. Eiswürfel auf 4 Gläser verteilen und Ingwer-Kokos-Mischung zugeben. Blue Curaçao Likör langsam am Glasrand einlaufen lassen und Cocktail servieren.

Virgin-Erdbeer-Mojito

Zubereitungszeit 10 Min.   Ziehzeit 10 Min.
Gefrierzeit 2 Std.   Kühlzeit 60 Min.

5-6    95 kcal | 397 kJ

Für 4 Gläser à ca. 250 ml
120 g Erdbeeren
3 Beutel Pfefferminztee
500 ml kochendes Wasser
2 unbehandelte Limetten
4 TL Zucker
Crushed Ice
500 ml Ginger Ale

1 Erdbeeren waschen, in Würfel schneiden und ca. 2 Stunden gefrieren lassen. Tee mit Wasser übergießen, ca. 10 Minuten ziehen und ca. 60 Minuten abkühlen lassen. Limetten waschen und in Spalten schneiden. Limetten und Zucker auf 4 Gläser verteilen und Limetten im Glas etwas zerdrücken. Erdbeeren und Crushed Ice zugeben, Minztee und Ginger Ale angießen und Mojito servieren.

Franzis Tipp

Sehr erfrischend und lecker. Mit TK-Erdbeeren geht's noch schneller.

Das Geheimrezept für mehr Wohlbefinden

Entdecke jetzt das WW **PersonalPoints™** Programm und finde deinen personalisierten Weg zu gesunden Gewohnheiten, einem aktiveren Leben und mehr Wohlbefinden.

Melde dich gleich auf WW.com an und erhalte noch heute einen Plan, der in dein Leben passt.

Register nach Alphabet

A

Ananas-Reis-Salat	87
Asia-Gemüse mit Reisnudeln	83
Aubergine mit Kardamom-Glasur	70

B

Balsamico-Thymian-Fenchel	77
Bánh Mì mit gegrillter Aubergine	69
BBQ-Hähnchensteaks	42
Blumenkohl mit Curry-Joghurt-Sauce, gegrillter	53
Bowle, marokkanische	100
Bulgur-Salat mit Feigen, orientalischer	91
Burritos mit gegrillter Avocado	57

F

Fagioli al Tonno	95
Fisch mit Tomaten-Tapenade, provenzalischer	26
Fladenbrot, schnelles	92
Flanksteak mit Salsa Verde	25

G

Garnelen-Saganaki-Päckchen	13
Geflügel-Hot-Dog mit Dijon-Krautsalat	21
Gemüsepäckchen, orientalische	66
Greek-Style Cheeseburger	34
Grillgemüse-Gazpacho	62

H

Hummus mit gegrilltem Broccoli	88

K

Kalbsspieße mit Zwiebelmus-Marinade	37
Karibik-Burger	29
Kartoffeln mit Pulled Jackfruit BBQ-Style	61
Köfte mit Gemüse-Spießen, vegetarische	54
Kokos-Ingwer-Cocktail mit Blue Curaçao	104

L

Lachsfilet und Pak Choi Teriyaki-Style	22
Lamm-Kebabs mit Artischocken und Paprika	46
Lasagne-Päckchen, gegrillte	73

M

Maracuja-Zitronen-Limo	103

P

Panino, sizilianisches	17
Portobello-Burger mit Camembert	50
Primavera Pasta Salat	99
Puten-Involtini	33

R

Rindfleisch-Spargel-Rollen, japanische	45
Rocky Mountain Spareribs	30
Rumpsteak Chakalaka	10

S

Schalotten-Joghurt-Dip	88
Schweinefilet, kubanisches	38
Schweinefiletspieße süß-sauer	30
Süßkartoffelspalten mit Chimichurri	70
Surf & Turf Spieße mit scharfer Cocktailsauce	41

T

Thunfisch-Dip mit geröstetem Sesam   88
Thunfischsteak mit Cajun-Remoulade   18
Tikka-Hähnchen-Spieße   14
Tofu-Gemüse-Spieße mit Satésauce   74
Tofu-Würstchen im Stockbrot   65
Tomaten-Nektarinen-Salat mit Pepitas   80
Tomaten-Zwiebel-Salat mit Koriander   84

V

Virgin-Erdbeer-Mojito   104

W

Wild-Berry-Cocktail mit Prosecco   103
Wildreissalat, persischer   96

Z

Zucchini mit Feta-Zitronen-Topping   58
Zupfbrot mit Röstzwiebel-Dill-Füllung   92

Register nach Zutaten und Stichworten

Burger, Brote & Co.

Bánh Mì mit gegrillter Aubergine	69
Burritos mit gegrillter Avocado	57
Fladenbrot, schnelles	92
Geflügel-Hot-Dog mit Dijon-Krautsalat	21
Greek-Style Cheeseburger	34
Karibik-Burger	29
Panino, sizilianisches	17
Portobello-Burger mit Camembert	50
Tofu-Würstchen im Stockbrot	65
Zupfbrot mit Röstzwiebel-Dill-Füllung	92

Drinks

Bowle, marokkanische	100
Kokos-Ingwer-Cocktail mit Blue Curaçao	104
Maracuja-Zitronen-Limo	103
Virgin-Erdbeer-Mojito	104
Wild-Berry-Cocktail mit Prosecco	103

Fisch & Meeresfrüchte

Fagioli al Tonno	95
Fisch mit Tomaten-Tapenade, provenzalischer	26
Garnelen-Saganaki-Päckchen	13
Lachsfilet und Pak Choi Teriyaki-Style	22
Surf & Turf Spieße mit scharfer Cocktailsauce	41
Thunfisch-Dip mit geröstetem Sesam	88
Thunfischsteak mit Cajun-Remoulade	18

Geflügel

BBQ-Hähnchensteaks	42
Geflügel-Hot-Dog mit Dijon-Krautsalat	21
Panino, sizilianisches	17
Puten-Involtini	33
Tikka-Hähnchen-Spieße	14

Glutenfrei ⊗

Ananas-Reis-Salat	87
Aubergine mit Kardamom-Glasur	70
Balsamico-Thymian-Fenchel	77
Blumenkohl mit Curry-Joghurt-Sauce, gegrillter	53
Bowle, marokkanische	100
Fagioli al Tonno	95
Flanksteak mit Salsa Verde	25
Hummus mit gegrilltem Broccoli	88
Kalbsspieße mit Zwiebelmus-Marinade	37
Köfte mit Gemüse-Spießen, vegetarische	54
Kokos-Ingwer-Cocktail mit Blue Curaçao	104
Lamm-Kebabs mit Artischocken und Paprika	46
Maracuja-Zitronen-Limo	103
Rumpsteak Chakalaka	10
Schalotten-Joghurt-Dip	88
Schweinefilet, kubanisches	38
Süßkartoffelspalten mit Chimichurri	70
Surf & Turf Spieße mit scharfer Cocktailsauce	41
Tikka-Hähnchen-Spieße	14
Tomaten-Nektarinen-Salat mit Pepitas	80
Tomaten-Zwiebel-Salat mit Koriander	84
Virgin-Erdbeer-Mojito	104
Wild-Berry-Cocktail mit Prosecco	103
Wildreissalat, persischer	96

Kalb, Rind & Hack

Flanksteak mit Salsa Verde	25
Greek-Style Cheeseburger	34
Kalbsspieße mit Zwiebelmus-Marinade	37
Karibik-Burger	29
Rindfleisch-Spargel-Rollen, japanische	45
Rumpsteak Chakalaka	10
Surf & Turf Spieße mit scharfer Cocktailsauce	41

Lamm & Schwein

Lamm-Kebabs mit Artischocken und Paprika	46
Rocky Mountain Spareribs	30
Schweinefilet, kubanisches	38
Schweinefiletspieße süß-sauer	30

Nüsse & Kerne

Asia-Gemüse mit Reisnudeln	83
Fisch mit Tomaten-Tapenade, provenzalischer	26
Gemüsepäckchen, orientalische	66
Tofu-Gemüse-Spieße mit Satésauce	74
Tomaten-Nektarinen-Salat mit Pepitas	80
Wildreissalat, persischer	96

Salate

Ananas-Reis-Salat	87
Bulgur-Salat mit Feigen, orientalischer	91
Fagioli al Tonno	95
Primavera Pasta Salat	99
Tomaten-Nektarinen-Salat mit Pepitas	80
Tomaten-Zwiebel-Salat mit Koriander	84
Wildreissalat, persischer	96

Vegan

Ananas-Reis-Salat	87
Asia-Gemüse mit Reisnudeln	83
Aubergine mit Kardamom-Glasur	70
Balsamico-Thymian-Fenchel	77
Bánh Mì mit gegrillter Aubergine	69
Bowle, marokkanische	100
Bulgur-Salat mit Feigen, orientalischer	91
Grillgemüse-Gazpacho	62
Hummus mit gegrilltem Broccoli	88
Kokos-Ingwer-Cocktail mit Blue Curaçao	104
Maracuja-Zitronen-Limo	103
Süßkartoffelspalten mit Chimichurri	70
Tofu-Gemüse-Spieße mit Satésauce	74
Tomaten-Nektarinen-Salat mit Pepitas	80
Tomaten-Zwiebel-Salat mit Koriander	84
Virgin-Erdbeer-Mojito	104
Wild-Berry-Cocktail mit Prosecco	103

Vegetarisch

Blumenkohl mit Curry-Joghurt-Sauce, gegrillter	53
Burritos mit gegrillter Avocado	57
Fladenbrot, schnelles	92
Gemüsepäckchen, orientalische	66
Kartoffeln mit Pulled Jackfruit BBQ-Style	61
Köfte mit Gemüse-Spießen, vegetarische	54
Lasagne-Päckchen, gegrillte	73
Portobello-Burger mit Camembert	50
Primavera Pasta Salat	99
Schalotten-Joghurt-Dip	88
Tofu-Würstchen im Stockbrot	65
Wildreissalat, persischer	96
Zucchini mit Feta-Zitronen-Topping	58
Zupfbrot mit Röstzwiebel-Dill-Füllung	92

 vegetarisch   vegan

 glutenfrei   laktosefrei   nussfrei

Die Kennzeichnung wie zum Beispiel „gluten-", „laktose-" oder „nussfrei" bei den Rezepten ist rein informativ und nicht verbindlich. Es liegt in der persönlichen Verantwortung zu prüfen, ob die verwendeten Lebensmittel die Anforderungen erfüllen.

Impressum

Herausgeber & Redaktion
WW (Deutschland) GmbH
Claudia Braun, Amelie Epping

Rezepte & Realisierung
Geschmackswerk UG
Silke Höpker, Nathalie Döscher, Tanja Tyralla

Fotografie & Styling
Martin Genschow, WW International

Foodstyling
Thorsten Hülsmann, WW International

Bildnachweise
WW International

Gestaltungskonzept & Grafik
Geschmackswerk UG, Petra Penker

Druck
paffrath print & medien GmbH

WW (Deutschland) GmbH
ww.com
Info-Hotline 0211-36874236
SKU: 402426
ISBN: 978-3-9822975-7-6

Wir freuen uns auf deine Bewertung dieses Kochbuchs unter:
wwshop.de oder schicke uns eine
E-Mail an leserservice@ww.com

Zeigt uns eure Rezeptfotos!
Jetzt auf Instagram posten:
#wwkochbuch

1. Auflage 2022
WW Logo, PersonalPoints, Points, ZeroPoint und
WW Healthy Kitchen sind eingetragene Marken von
WW International, Inc.
Das PersonalPoints System und die zugrunde liegende
Formel sind Eigentum von WW International, Inc.